J.-L. COURCELLE-SENEUIL

HÉRACLÈS

LES ÉGÉENS SUR LES COTES OCCIDENTALES DE L'EUROPE

VERS LE XVIᵉ SIÈCLE AVANT NOTRE ÈRE

PARIS

ERNEST LEROUX, ÉDITEUR

28, RUE BONAPARTE, VIᵉ

1914

J.-L. COURCELLE-SENEUIL

HÉRACLÈS

LES ÉGÉENS SUR LES COTES OCCIDENTALES DE L'EUROPE

VERS LE XVIᵉ SIÈCLE AVANT NOTRE ÈRE

PARIS

ERNEST LEROUX, ÉDITEUR

28, RUE BONAPARTE, VIᵉ

—

1914

AVANT-PROPOS

L'ouvrage *Les dieux gaulois d'après les monuments figurés*, publié en 1910, avait pour but de prendre rang pour les faits mis en évidence par nos recherches antérieures : la réalité des navigations de Persée, d'Héraclès sur les côtes occidentales de l'Europe, l'identification de la Gorgone Médousa et l'origine du mythe de la tête coupée ; l'identification du Cerbère aux têtes multiples ; le rôle capital joué par ces mêmes régions dans la formation des idées religieuses des peuples égyptiens, chaldéens, égéens, des peuples de l'antiquité classique, et spécialement sur la conception du séjour des morts, des enfers, de l'Hadès.

De tous les points avancés en 1910, un seul a été diminué d'un argument. Le nom d'*Esus* avait paru identique à celui de *Arès, Esar*, et le denier de la gens Hostilia portant *ÆSAR* confirmait cette attribution. Les agrandissements photographiques firent apparaître le vrai nom *CÆSAR*. Ce fait ne diminue aucun des arguments d'après lesquels le dieu triple Géryon et son successeur le tricéphale gallo-romain comptaient au nombre de leurs composants un dieu de la guerre antérieur à l'Arès grec et au Mars latin, et origine de ces deux conceptions identiques. Le fait inexplicable d'Arès détournant l'épouse de l'Héphaistos grec devient très simple dès que l'on admet qu'Arès et Héphaistos avaient pris naissance d'après un modèle préexistant dans lequel ils n'étaient que les composants d'une même entité ayant une même épouse.

Cet ouvrage avait aussi pour but de grouper les éléments de nature à éclairer la formation des idées religieuses sur les terres de l'Europe occidentale. La présente brochure se sert de ces éléments pour déterminer l'étendue des gestes d'Héraclès et les temps où ces gestes se sont produits.

J.-L. COURCELLE-SENEUIL.

Avril 1914.

HÉRACLÈS

D'après les auteurs modernes, Héraclès était, dans l'esprit des Grecs, surtout un dieu solaire qui combattait les hydres sous toutes leurs formes.

Ce devait être aussi un dieu de l'activité humaine ?

On peut essayer de le démontrer par un exposé des données de la mythologie, par la critique de quelques auteurs classiques particulièrement documentés et enfin par l'état des études d'archéologie préhistorique à notre époque.

I

Documents de la Mythologie

La mythologie classique présente une multitude de documents confus que les auteurs modernes tendent à laisser de côté, par suite d'impuissance à les classer judicieusement. Il est très difficile de trier ces documents, mais il est parfois possible d'en tirer parti.

Il fut un temps, peu éloigné du nôtre, où Sésostris était qualifié personnage mythique ; aujourd'hui, chacun peut posséder la photographie de Ramsès II.

Les mythes d'Osiris, de Seth et d'Horus expliquent aujourd'hui un fragment de la préhistoire égyptienne et montrent qu'il faut davantage tenir compte des luttes entre les sectateurs des dieux, lorsqu'on étudie des mythes où les dieux se combattent.

En observant méthodiquement certains mythes indiquant des luttes entre des divinités, on peut rechercher les actes des sectateurs de ces dieux, et, si l'on en retrouve des traces matérielles positives, discerner jusqu'à un certain point « les Gestes de ces dieux accomplis par leurs fidèles ».

Que dit la mythologie touchant Héraclès ?

« Héraclès naquit dans le palais d'Amphitryon à Tirynthe. Zeus était son père et Alcmène sa mère. »

Né du vainqueur des Titans, Héraclès, dieu des hommes de Tyrinthe, devait, comme son père céleste, combattre les hydres sous toutes leurs formes, et ses fidèles pouvaient combattre, sur les terres voisines, les fidèles des dieux des eaux, quelles que soient les formes prises par ces dieux ou par leur symbole.

« Enfant, Héraclès étouffe les serpents envoyés par la déesse céleste ! Plus tard il tue l'hydre de Lerne, le lion de Némée, la biche aux pieds d'airain, le sanglier d'Erymanthe, les oiseaux du lac de Stymphale, l'aigle qui déchirait le foie de Prométhée sur le Caucase, dompte les Centaures. »

Comme aucun fait moderne réel n'est venu éclairer ces dernières questions précitées, il n'y a pas lieu de les retenir pour déterminer la part d'imagination ou de réalité que chacune d'elles contient. Mais les questions suivantes se présentent autrement.

« Héraclès vainquit le fleuve Achélous, lui arracha une corne, qu'il lui rendit néanmoins en recevant la corne de la chèvre Amalthée », c'est-à-dire la corne d'abondance de la Crète.

La chèvre Amalthée, une des richesses de la Crète, était dite avoir nourri Zeus enfant, le dieu destiné à succéder au dieu Chronos dans l'esprit des hommes égéens. La Crète paraît d'ailleurs avoir été le théâtre d'une lutte prolongée entre les sectateurs de Zeus enfant et les sectateurs des dieux primitifs.

Achélous, le plus ancien des fleuves d'après Hésiode, l'aîné des fleuves qui naquirent de l'Océan et de Téthys, représenté tantôt sous la forme d'un serpent ou d'un taureau, ne peut être tué en tant que fleuve, mais sa corne d'abondance, le port où se réunissent les habitants de sa vallée pour échanger leurs produits contre les produits des autres humains, peut tomber entre les mains d'ennemis, adorateurs d'une force solaire et céleste.

Achélous, en tant que peuple adorant les divinités titaniques des eaux, vaincu et dépossédé de sa corne d'abondance, est dit avoir donné à son vainqueur la corne d'Amalthée, ou la corne d'abondance, pour ravoir la sienne. Achélous, à un moment donné, aurait donc tenu dans sa main tout ou partie de la Crète? Il aurait ensuite placé ce pouvoir ou ce droit dans les mains d'Héraclès ?

La Crète antique donne trace de deux catastrophes générales englobant les régions de Cnossos et de Phaestos, les hommes du dieu des eaux Achélous et du dieu solaire de Tirynthe auraient-ils pris part à ces catastrophes?

La légende rapporte que « dans la Crète, le roi Minos fit enfermer dans un labyrinthe le Minotaure, né de la reine Pasiphaé et d'un taureau, parce que ce monstre ravageait tout et se nourrissait de chair humaine. »

D'après Thucydide, « la tradition nous apprend que Minos est le plus ancien roi qui se soit créé une flotte. Il se rendit maître de la plus grande partie de la mer appelée aujourd'hui hellénique, domina sur les Cyclades, colonisa le premier la plupart des îles, et, après en avoir chassé les Cariens, il en donna le gouvernement à ses fils. Quant aux pirates, il en purgea cette mer autant qu'il pût, pour s'assurer le recouvrement des tributs. »

Dans les documents récemment découverts de la Crète antique, aussi bien que dans ceux de Mycènes et de Vaphio, on trouve des preuves nombreuses de l'existence en Crète, aux époques prémycéniennes et mycéniennes, de courses de taureaux à caractère religieux, qui devaient faire de nombreuses victimes parmi toute une jeunesse humaine, masculine et féminine, entraînée et dévouée à ces jeux meurtriers.

Le Minotaure, né en Crète, d'une reine et d'un taureau, est une conception du même ordre que celle d'Héraclès, né d'une reine et d'un dieu céleste, mais qui porte sur d'autres éléments de la nature. Le Minotaure naquit dans l'esprit et dans l'activité des hommes groupés, dont l'éponyme était une reine ; ces hommes suivaient le culte d'un dieu dont le taureau était le symbole, mais qui semble opposé à Zeus. Si Zeus prit naissance en Crète, dans l'antre de Dicté, la Crète montre aussi le tombeau de Zeus au Mont Jouktas. Le taureau, symbole d'un dieu des eaux et de la nuit, dont le culte se célébrait en rase campagne et probablement aussi dans les sombres sanctuaires du labyrinthe, a pu tomber au nombre des symboles du dieu du ciel pur, du dieu de la lumière. Mais alors ce ne serait que pour une période restreinte de temps ?

Dans les constructions crétoises, les salles de réunion, éclairées par des courettes, ne se transforment-elles pas en basiliques où la prise de lumière disparaissait faisant place aux ombres profondes aimées d'une divinité hostile aux divinités solaires et du ciel pur, aux divinités de la lumière ?

D'autre part, le culte d'une déesse des montagnes, des serpents, semble prédominer sans interruption au milieu de ces conflits religieux latents ou manifestes.

La légende dit qu' « Héraclès dompta un taureau furieux qui désolait la Crète ». Héraclès aurait donc pu être l'allié d'Achélous dans les guerres qui les rendirent maîtres de la Corne d'Amalthée ? Et ce pourrait être lors de la première des catastrophes dont les traces sont visibles à Cnossos et à Phaestos ?

La légende dit que « Minos contraignit les Athéniens (les Egéens) de lui livrer tous les ans sept jeunes hommes et sept jeunes filles pour être la proie du Minotaure », et ensuite que « Thésée, fils d'Egée, marcha sur les traces d'Héraclès, étant du nombre des jeunes hommes qui devaient être la proie du Minotaure ; il pût s'évader, dompter le monstre et le tuer ».

Si la destruction définitive des seconds palais de Cnossos et de Phaestos fut l'œuvre des hommes de Mycènes et de Thirynthe, contemporains de Thésée, il naît une nouvelle probabilité en faveur de l'opinion qui voit dans les destructeurs des premiers palais les hommes de Tirynthe conduits par Héraclès, et les hommes d'un pays voisin conduits par Achélous. Et les gestes du dieu Héraclès par ses fidèles tendent à se préciser.

La légende dit qu' « Héraclès atteignit les régions où Atlas soutenait le ciel sur ses épaules ».

Les hommes de Tirynthe devaient connaître les idées des Egyptiens touchant les quatre piliers qui soutenaient le ciel (1) et sur les pics sourcilleux dressés aux quatre points cardinaux, chargés de remplacer les piliers des primitifs. Les hommes de Tirynthe, lorsqu'ils parvinrent à la limite occidentale de la Méditerranée, durent y reconnaître dans les hautes montagnes de l'*Atlas*, le pic de l'Ouest, *Manou*, la région de vie. Soutenir le ciel était certainement chose surhumaine, l'œuvre d'un dieu.

« Héraclès aurait soulagé Atlas en soutenant fort longtemps le ciel sur son dos. » Entre dieux il est possible de se rendre de pareils services, mais le peuple d'Atlas et les hommes d'Héraclès

---

(1) Maspero. *Histoire ancienne des peuples de l'Orient.*

ne purent que se témoigner des sentiments de sympathie ou d'antipathie, échanger des objets utiles ou se combattre.

D'après la légende, « Héraclès sépara les deux montagnes Çalpé
et Abyla et fit aussi communiquer l'Océan avec la Méditerranée ».
Ici, manifestement, Héraclès prend toute la gloire des découvertes
de ses fidèles compagnons.

« Il y aurait élevé deux colonnes qu'on appela depuis « Colonnes
d'Hercule » et sur lesquelles plus tard les Grecs auraient lu « l'ins-
cription équivalente à *Non Ultra* ».

Les deux colonnes n'ont pas encore été retrouvées. L'esprit de
certains Grecs voyait en cet endroit les portes de l'Enfer.

La légende dit : « Héraclès descendit ensuite aux enfers. »

Parti du promontoire *Ténare*, qui devait devenir la principale
entrée de l'enfer grec, et au pied duquel passaient forcément tous
les navigateurs préhelléniques pour se rendre aux Colonnes et dans
l'Océan Atlantique, Héraclès débouche enfin dans cet immense
serpent qui entourait le monde des anciens.

« Il y rencontra *Antée*, fils de la Terre et de l'Océan, qui mas-
sacrait tous les passants. »

« Héraclès combattit ce géant, le terrassa trois fois, mais en
vain, car la Terre, sa mère, lui rendait des forces nouvelles lorsqu'il la touchait. Héraclès l'éleva en l'air et l'étouffa. »

Etant donné la conception de la force héracléenne, on peut
conclure que les compagnons d'Héraclès devaient considérer *Antée*
comme une divinité aussi puissante qu'Atlas et qu'Héraclès. C'était
un dieu de la nature, chthonien, capable comme Atlas de suppor-
ter le ciel sur sa tête, ou sur ses épaules comme Héraclès ; comme
ces dieux, il était un dieu de l'activité humaine, il avait un culte
dont les partisans furent difficiles à soumettre par les hommes de
Tirynthe.

Sur la terre Ibérique, en face de l'Atlas, commence la chaîne
de partage des eaux de l'Europe occidentale. Cette chaîne projette
jusqu'aux rives de l'Océan des rameaux de chaînes de montagnes
qui, depuis l'Andalousie, le Cap Saint-Vincent (ancien promontoire
sacré), en passant par les Andes portugaises et cantabriques, jusqu'au Cantal français, ne cessent de répéter et de conserver le
nom *Ante*, d'une ancienne divinité, assise et trônant sur tous les
sommets, dans un empire aussi étendu que les régions dominées
par les sommets de l'Atlas. A l'époque grecque primitive, ce nom

et celui d'Atlas servirent à dénommer les peuples Atlantes, dont le nom fut plus tard attaché à l'Océan Atlantique.

Lorsqu'ils parvinrent dans les régions cantabriques, les hommes de Tirynthe durent observer que les monts Cantabres se prolongeaient vers l'Est, alors que vers le Nord s'étendaient de vastes pays plats. A l'intersection de la région montagneuse et des plaines ils observèrent nécessairement une montagne élevée qui attire tous les regards et porte de nos jours les noms de pic de Haya, de Maya ou des *Trois Couronnes*. Il est impossible d'admettre que son aspect caractéristique n'ait pas attiré l'attention des hommes de Tirynthe, grands observateurs des choses divines, considérant, ainsi que les Egyptiens, les couronnes et les diadèmes comme les coiffures des dieux et des rois. La montagne de Haya recélait dans ses flancs une des plus anciennes mines de cuivre que les Occidentaux aient exploitées.

Or, c'est précisément en ce point que commencent les côtes maritimes de l'Europe, où le mythe de Géryon trouve son explication, et il ne peut la trouver que sur ces côtes.

La légende dit : « Géryon, roi d'Erythie, était fils de Khrysaor et de Callirhoé. Il avait trois corps et fut tué par Héraclès. Un chien à trois têtes et un dragon à sept têtes gardaient ses bœufs. Héraclès tua aussi ces monstres et emmena les bœufs. »

Héraclès ne put tuer Géryon que sur les terres où le culte de Géryon a laissé des traces évidentes, en combattant son culte, en domptant ou en tuant ses peuples.

« Erythie est une île ou région célèbre dans les poètes, qui en font le royaume de Géryon, qu'Héraclès tua. »

Ovide appelle « *Erytheidas boves* les troupeaux de Géryon, le butin d'Erythie qu'Héraclès mena jusqu'en Italie. » Or, dans l'antiquité grecque les bœufs d'Apollon étaient les peuples observant le culte d'Apollon. Il est permis de conjecturer que les bœufs en butin étaient les captifs ou les mercenaires entraînés des pays de Géryon par la force héracléenne.

« Le chien à la triple tête et à la triple gueule est le Kerberos qui gardait la porte des enfers et du palais de Pluton. Il naquit du géant Typhon et du monstre Echidna. Il caressait les âmes malheureuses qui descendaient aux enfers et dévorait celles qui en voulaient sortir. Lorsque Héraclès descendit aux enfers, il enchaîna Kerberos et s'en fit suivre. »

En s'élevant vers le Nord, les préhelléniques trouvent un climat plus rigoureux, des nuits plus longues, dans des pays très rapprochés de la nuit polaire, et où se voient fréquemment les tempêtes typhoniennes. Les peuples y honorent, dans les abîmes de la terre et de la mer, des divinités différentes des dieux de lumière.

D'après cette description, les Hellènes placeront dans les régions de l'Occident, sous terre, l'enfer qu'ils ont conçu et dont le site recule au fur et à mesure que s'étendent les découvertes des terres nouvelles. Il ne paraîtra pas possible aux Hélènes de placer plus loin l'empire de Pluton-Aidès et le séjour où se voient les visages pâles des morts.

« Les enfers étaient les lieux souterrains où allaient les âmes pour y être jugées par Minos, Eaque et Radamanthe. Pluton en était le dieu et le roi. L'espace des enfers contenait le Tartare, les Champs Elysées et cinq fleuves, le Styx, le Cocyte, l'Acheron, le Léthé, le Phlégéton. Le Tartare était le séjour des malheureux ; les Champs Elyséens étaient la demeure de ceux qui avaient bien vécu. Cerbère, chien à trois têtes et à trois gueules, était toujours à la porte des enfers pour empêcher les vivants d'y entrer et les âmes d'en sortir. »

« Khrysaor, à l'épée d'or, fils d'Okeanos et de Médousa, épousa l'océanide Callirhoé, dont il eut Géryon. »

En arrêtant ici l'exposé sommaire des récits mythiques touchant les voyages et les œuvres des compagnons d'Héraclès, on réunit déjà suffisamment d'éléments pour tracer les grandes lignes du problème.

<h2 style="text-align:center">II</h2>

Résumé de divers auteurs

Hésiode, dans sa *Théogonie*, résume et met en ordre les observations faites par les hommes du passé.

« Avant toutes choses.... furent Gaia (la terre) et Eros (l'amour).

« Gaia enfanta son égal en grandeur l'Ouranos étoilé, puis les hautes Montagnes, puis Pontos la mer stérile, qui bout, furieuse.

« Gaia, unie à Ouranos, enfanta les Titans : Okeanos (qui entourait l'ancien monde).... Hyperis (qui dominait sur l'Europe occidentale), et Japetos (qui dominait sur l'Afrique occidentale), les Cyclopes (volcans, isolés comme Brontès ou multiples comme Kottos, Briaréos et Gygés), Gaia et Ouranos eurent encore comme enfants : Theia (la terre de l'Europe occidentale), Rheia (la terre de l'Europe centrale et égéenne)...., Thémis (la justice) et Mnémosine (la mémoire). Le dernier enfant de Gaia fut Kronos (le temps). Kronos prend en haine son père Ouranos et le mutile avec une faux. Du sang d'Ouranos, Gaia fait naître les Erynnies (les furies infernales).... et d'une blanche écume de la mer fit naître une belle déesse nommée Aphrodite.... »

« Et Nyx, la sombre nuit, enfanta la mer Noire (la mort), les Kères inhumaines (les douleurs), les Moires, les Parques, les Destinées... et Némésis (déesse de la vengeance), Eris, l'odieuse et opiniâtre discorde.... qui enfanta les batailles, le carnage, le parjure, les paroles mensongères, les contestations...., et Ate, la déesse malfaisante... qui trouble l'entendement des hommes..., et Horkos, terible aux hommes terrestres et qui les frappe si l'un d'eux tente de se parjurer. »

Horcus ou Orcus, dieu des enfers et des serments, est le même que Pluton. Il paraît tenir de près à l'Océan et aux eaux, car on donnait aussi son nom aux fleuves infernaux et à Cerbère.

« Pontos (la mer en général) enfanta.... et le robuste Phorkys (autre nom de l'Océan, spécialisé sur les côtes de l'Europe occidentale lorsque les connaissances géographiques se développaient chez les préhelléniques, rapproché en Sardaigne et en Corse lorsque les périodes d'ignorance prévalaient en Grèce), et Keto (la Baleine) [la mer des Baleines, la mer des côtes occidentales d'Europe] donne à Phorkys les Graies et les *Gorgones* qui habitent au delà de l'illustre Okeanos, aux dernières extrémités, vers la *nuit* et où sont les *Hespérides* aux voix sonores, et les gorgones Sthëïno et Euryale et Médousa, accablée de maux. Et celle-ci était mortelle, mais les autres étaient immortelles.... Et Poseidaon s'unit à Médousa, dans une molle prairie.... et quand Perseus lui eut coupé la tête (avec l'*épée* de Pluton), le Grand Khrysaor náquit d'elle et le cheval Pégasos aussi. Et celui-ci fut ainsi nommé parce que ce fut près des sources okéaniennes qu'il naquit, et celui-là parce qu'il tenait une *épée d'or* dans les mains. »

Khrysaor, dont le culte précéda le culte du triple Géryon, tient entre les mains l'épée que Aigaion-Briaréos (soús les traits de

Pluton) avait placé entre les mains de Persée pour couper la tête de Médousa.

L'épée d'un dieu est une force de la nature.

L'épée de Pluton agissant sur les bords de l'Océan Atlantique, entre les mains de l'éponyme d'un peuple né de l'Océan et d'une nymphe régionale, doit donc se retrouver à l'état de force de la nature agissant sur les terrains pouvant rendre compte du mythe de Médousa.

Cette épée, force de la nature, devra donc se retrouver aux mains de tous les successeurs de Khrysaor.

Le mythe de Médousa, tel qu'il découle des textes, trouve une explication sur les terres et les régions maritimes atlantiques voisines du plateau central de la Gaule, et il n'en trouve pas ailleurs. Ce point est établi par un examen méthodique des côtes atlantiques depuis le cap Nord jusqu'au golfe de Guinée et de toutes les côtes méditerranéennes. Les monuments gallo-romains confirment cette attribution, qui prend une grande valeur par son rapprochement avec les *Commentaires de César*.

Les sources okéaniennes pour les préhelléniques, pour les précelles étaient le plateau central des Gaules et le massif des Alpes autour du mont Adula.

« Et Kallirhoé, fille de l'illustre Okéanos, enfanta la divine Ekhidna, moitié nymphe aux yeux noirs et aux belles joues, moitié serpent monstrueux, horrible, immense, aux couleurs variées, nourrie de chairs crues dans les antres de la terre divine. Et sa demeure est au fond d'une caverne, sous une roche creuse loin des dieux immortels et des hommes mortels, car les dieux lui ont donné ces demeures illustres. Et elle était enfermée dans *Arimos* sous la terre, la morne Ekhidna, la nymphe immortelle préservée de la vieillesse et de toute atteinte. »

Ekhidna trouve une solution au nord de la Charente pour sa partie régionale entre la pointe d'Icculis (Angoulins), l'ancien palais d'Angeri et le territoire d'Icculis (Angoulême), pour sa partie des eaux ou serpent dans les eaux marines et fluviales de la Charente, du Canentelli de Ptolémée, et peut-être aussi dans les courants littoraux baignant certains caps, Iccium, etc. Cette solution trouve des confirmations multiples dans le site où depuis les temps les plus lointains a siégé en reine et maîtresse une divinité féminine de la terre et des eaux, déesse des chevaux et des hydres, divinité dont les différentes incarnations successives peuvent être suivies sans interruption depuis la Médousa des temps néolithiques en passant par Callirhoé, Ekhidna, Ere-Cura, Perséphone, Proserpine jusqu'à Mélusine la serpente du moyen âge ; par l'existence dans les mêmes eaux d'une solution définitive pour le site de Cerbère, et enfin dans une légende régionale parvenue jusqu'à nos contemporains.

« Et l'on dit que *Typhaon* s'unit d'amour avec elle, ce vent impétueux et violent, avec cette belle nymphe aux yeux noirs.

« Et elle enfanta le monstrueux et ineffable Kerberos, chien d'Aidès, mangeur de chair crue, à la voie d'airain, aux cinquante têtes, impudent et vigoureux. »

Kerberos s'identifie dans les eaux marines et fluviales où le précédèrent Médousa et Ekhidna, entre l'ancienne Orkanie, la Gironde et la Loire. Les Canentelli de Ptolémée et le pied gauche du Dispiter de Toulouse confirment cette attribution.

« Tethys eut d'Okeanos les fleuves tourbillonants et la race sacrée des nymphes qui, sur la terre, élèvent les jeunes hommes avec l'aide du roi Apollon et des fleuves.... Europe, Asie.... les nymphes, les aînées de toutes, car il en est une multitude d'autres.... »

« Rheia, domptée par Kronos, enfanta une illustre race : Istié, Deméter, Hérè, le puissant Aidès, qui habite sous la terre et dont le cœur est inexorable, Poseidon et enfin Zeus, père des dieux et des hommes. »

L'établissement de ces nouveaux cultes ne sera pas accepté facilement par les peuples qui honorent les anciens dieux de la terre et des eaux, les anciens Titans.

« Et le grand Kronos dévorait ses fils à mesure qu'ils naissaient.... Rheia donna naissance à Zeus, Gaia le cacha en Crète, le nourrit et l'éleva. »

Une divinité féminine, déesse de la terre, des montagnes et des cavernes, déesse des serpents et des fleuves, était donc assez honorée et dominante en Crète pour cacher dans la caverne de Dicté le culte naissant du Zeus, du ciel pur et de la lumière ?

« Iapetos épousa l'okéanide Klymene, elle enfanta Atlas.... Par une dure nécessité, Atlas soutient le large Ouranos, aux extrémités de la terre, *en face* des sonores Hespérides, se tenant debout. Et il le soutient de sa tête et de ses mains infatigables.... »

Lorsqu'un navigateur préhellénique sort des colonnes d'Hercule suivant la côte d'Espagne, il lui semble naviguer *en face* des terres d'Atlas, comme s'il suivait les contours d'une nouvelle Méditerranée, et cela jusqu'au promontoire sacré où l'éloignement ne permet plus de discerner les montagnes de l'Atlas. Le navigateur ignorant la rondeur de la terre, la valeur de l'indication de l'étoile polaire croit, en remontant les côtes d'Europe, naviguer toujours *en face* de l'Atlas, comme il le fait en allant d'Espagne en Sardaigne et en Sicile.

Cette impression de l'exactitude du terme *en face* fut transmise à Hésiode et par lui à tous les hommes de lettres des siècles suivants, qui, jusqu'à nos jours, en tirèrent des conclusions erronées, comme Strabon n'attribuant le nom d'Hespérie qu'à la région de Tartesse, comme nos contemporains qui ne peuvent pas admettre que les navigateurs pré-helléniques plaçaient *en face* de l'Atlas toutes les terres s'étendant des Colonnes d'Hercule jusqu'au Cap Nord.

« Après le combat des Titans contre les dieux », les Titans sont précipités au Tartaros.

Le nouveau culte de lumière prédomine dans les peuples préhelléniques et pour ce culte les Titans sont relégués dans les pays d'Occident près de la nuit polaire où ils ont pris naissance, où des peuples occidentaux continuent à les adorer. Les prêtres de Delphes connaissent le nom et le site du Tartaros, au delà des Colonnes, vers l'Océan, vers l'abîme, vers la nuit noire, dans une région des pays occidentaux observée par les navigateurs prémycéniens et mycéniens.

« A l'entrée du Tartaros, le fils d'Iapetos soutient le large Ouranos, debout, de sa tête et de ses mains infatigables et plein de vigueur. Et Nyx et Hemera (la nuit et la lumière) vont tout autour, s'appelant l'une l'autre et passant à leur tour le large seuil d'airain. En effet, l'une rentre et l'autre sort, et jamais ce lieu ne les renferme toutes les deux. »

C'est en face de toutes les côtes occidentales de l'Europe, en face des côtes de l'Hespérie, que le soleil paraissait s'enfoncer dans l'abîme pour les prémycéniens et les préceltes, comme il paraît s'y enfoncer encore pour nos contemporains.

« Et au fond sont les demeures du dieu souterrain, du puissant Aidès et de la terrible Persephoneiè. »

C'est donc sur les côtes occidentales de l'Europe que l'on doit retrouver les traces des cultes d'un dieu semblable à Aidès et d'une déesse semblable à Perséphone ?

Demeures souterraines, lieux de cultes situés en cavernes ou en souterrains taillés de main d'homme, volcans et gouffres abondent sur le littoral aussi bien qu'à l'intérieur des terres hespériennes.

« Et de Zeus, la fille d'Atlas, Maïé, conçut le glorieux Hermès, héraut des dieux. »

Hermès Atlante doit être discerné de l'Hermès arcadien, de l'Hermès et du Thot égyptiens.

« Et Alkmène enfanta la force héracléenne. »

Hésiode, dans sa Théogonie, résume et met en ordre, non seulement les observations faites par les hommes du passé, mais encore les actes accomplis par eux, et dont la mémoire, conservée par les prêtres de Delphes, fut transmise jusqu'à lui.

Les actes de Perseus, considérés comme réels par toute l'antiquité classique, déterminent sur un même terrain la mort de la Gorgone Médousa et la naissance du culte de Khrysaor antérieur au culte de Géryon.

Ovide puisant, soit dans les documents alexandrins, soit dans des documents conservés sur les rives du Pont Euxin, nous donnera un récit des gestes de Perseus, apparaissant sur les rives océaniques, y trouvant des navires à voile, descendant vers le Sud, reconnaissant la réalité de la Gorgone Médousa, puis rentrant de l'Océan dans la Méditerranée.

Perseus est dit avoir fondé Mycènes et Tirynthe, et la force héracléenne prend naissance à Tirynthe.

Hésiode, en décrivant le bouclier d'Héraclès, montre Perseus mettant en œuvre : les dons d'Hermès-Atlante, les talaria, les sandales ailées, les rapides navires à voile ; les dons du dieu Pluton, le casque enveloppé de la nuit noire, l'épée enfermée dans la gaine noire, le sombre baudrier et le don de Tritogénéia, le bouclier de la froide raison, éclatant comme un miroir où les ennemis contemplent leurs traits.

Il confirme de nouveau l'antériorité des gestes de Perseus sur les gestes de la force héracléenne.

Le site d'Erythie peut-il être déterminé par la théogonie d'Hésiode ? — Il faut relire les textes en élaguant tout ce qui ne touche pas à cette question.

« Avant toutes choses.... furent *Gaia* (la terre).... et *Eros* (l'amour). »

« Gaia, unie à Ouranos, enfanta les Titans, dont.... *Hyperis*.... (ciel de l'Europe occidentale), les volcans multiples dont.... *Briareos*.... et *Theia* (la terre de l'Europe occidentale).

Les termes Eros, Hyp-éris, Bri-aréos font ressortir la persistance, pour désigner cette lointaine période, du terme *eri*, qui, rapproché du nom de la terre d'Europe occidentale, fait apparaître une forme *eri-theia* bien voisine de l'objet de cette étude.

Hyp de Hyp-éris paraît un qualificatif signifiant « occidental », premier exemple du nom de l'astre qui annonce le commencement et la fin du jour, d'où est venu Hesp-er, Vesp-er.

« Les Gorgones, qui habitent au delà de l'illustre Okéanos, aux dernières limites, vers la nuit, où sont les Hesp-érides aux voix sonores. »

Le terme *Hesp* s'applique depuis le cap Nord jusqu'au détroit de Gibraltar. Les Gorgones et les Hespérides occupent une même région sur les côtes occidentales de l'Europe. Si le site de l'une des Gorgones venait à être établi, le site des Hesp-érides devra être recherché autour de celui de la Gorgone.

Le site de la Gorgone Médousa est déterminé. Sa tête est la roche la *Congrée*, aujourd'hui *Rochebonne*, l'ancienne *Orkanie* des portulans. Son corps est le long serpent formé par les eaux marines et fluviales, qui s'étendent depuis Rochebonne jusqu'aux sources de la Charente.

Les deux autres Gorgones sont définies par la statuette du dieu d'Autun (la Loire et la Gironde).

Aux temps néolithiques, *Eritheia* doit donc être recherchée (généralisée ou localisée) sur les côtes de l'Océan Atlantique, où se déversent les eaux du plateau central de la Gaule.

« Médousa, unie à Okéanos des préhelléniques (Poseidaon des Grecs, Aigéon, Aigen, l'abîme des préceltes), — après que Persée lui eut coupé la tête avec l'épée de Pluton, donne naissance « au grand Khrysaor...., ainsi nommé parce qu'il tenait une épée d'or dans les mains.... »

« Et Khrysaor engendra Géryon aux trois têtes, s'étant uni avec Kallirhoé, fille de l'illustre Okéanos. Mais la force *héracléenne* dépouilla Géryon de ses armes et lui enleva ses bœufs aux pieds flexibles dans *Erytheia*, entourée des flots, le jour même où elle conduisait ces bœufs aux larges fronts dans la divine Tyrinthos, ayant traversé la mer, ayant tué Orthos et le bouvier *Eurytias*, dans un noir enclos, au delà de l'illustre Okéanos. »

La force héracléenne ayant tué Orthos, amène à analyser ce dernier, d'après les éléments mythologiques. Orthus était un chien, frère de Cerbère et de l'Hydre de Lerne, et fils de Typhon et d'Echidna, qui gardait les troupeaux de Géryon. Il fut tué par Hercule. On est amené à conclure qu'Orthos est un des noms de Kerbéros.

Le bouvier Eurytias semble bien placé dans les cieux et paraît une constellation voisine de la Grande Ourse, Bootès ou le Bouvier. En tous les cas, cette citation d'Hésiode amène à penser que les compagnons d'Héraclès parvinrent à percer le mystère des constellations des Charriots dont les bœufs se voient toujours au-dessus de l'horizon du pays d'*Erythie*.

Géryon à la triple tête, pouvoir religieux, pouvoir politique, illustre, né d'un peuple habitant les côtes atlantiques, n'est pas un simple pasteur. C'est le dieu éponyme de grands peuples pasteurs.

Tuer un dieu, ce n'est pas seulement tuer ses peuples, c'est aussi mettre au jour les mystères de son culte ; le dévaliser, c'est aussi s'emparer des vérités scientifiques ou divines que comporte sa puissance.

Les *taureaux* de Géryon sont des constellations, les mêmes que les *bœufs de labour* des Latins, les *Triones* des Gaulois. C'étaient les deux plus brillantes constellations du ciel boréal, et l'*étoile polaire*, qui termine la plus petite, indique la trace de l'axe de la terre.

Le dieu de Saintes, le successeur et le sosie de Géryon, a son siège soutenu par deux têtes de taureau. Son vainqueur d'autrefois, son ami de la période pré romaine, Héraclès à la massue, se tient debout à côté de lui, supporté par la tête de taureau dont il lui ravit jadis la connaissance. A dater de cet événement, guidé par l'étoile polaire, qui fait partie des bœufs de Géryon, Héraclès put suivre exactement une route du Nord au Sud, du Sud au Nord, aussi bien sur mer que sur terre.

Il sera dit « avoir traversé la mer Tyrrhénienne accroché à la corne d'un taureau gaulois. »

Les taureaux de Géryon sont aussi ses peuples ou leur symbole.

Le commerçant-pirate héracléen reconnut parmi les côtes maritimes du pays des dolmens les points qui permettaient d'atterrir ; il remonta les rivières et suivit les sentiers qui conduisaient au milieu des peuples pasteurs de Géryon, pour rechercher l'or, l'argent, le cuivre, l'étain, l'ambre, la laine, les esclaves, etc. Il n'hésita pas à s'approprier ces biens matériels et utiles lorsqu'il était le plus fort, lorsque son dieu de lumière lui faisait don de toutes les dépouilles des fidèles des dieux ennemis, des dieux titaniques de la terre et des montagnes, de l'abîme et des volcans. C'est ainsi que nous l'avons vu entraîner les bœufs de Géryon, depuis Arimos, sur les bords de l'Océan, où séjournait Ekhidna, la nymphe anguipède, épouse de la tempête typhonienne, mère de Kerberos, jusqu'à Tirynthe, employant tantôt la route des pays au nord du Pont Euxin dans le même temps où apparurent les *Scythes*, tantôt passant par la Rome d'Evandre, où Cacus, fils de Briaréos-Vulcain, suivant les uns, ou le héros Caranus, suivant les autres, voulurent délivrer les bœufs captifs.

Hérodote rapporte : « Les Grecs qui habitent les bords du Pont-Euxin racontent qu'Hercule, emmenant les troupeaux de bœufs de Géryon, arriva dans le pays occupé maintenant par les Scythes et qui *était alors désert* ; que Géryon demeurait par delà le Pont, dans une île que les Grecs appellent *Erythie*, située près de Gadès, dans l'Océan, au delà des Colonnes d'Hercule. Dans le pays aujourd'hui connu sous le nom de Scythie, Hercule y rencontra Echidna, qui devint la mère des Scythes. »

Echidna ou Ekhidna, nymphe régionale, hydre des bords de l'Atlantique, mère de Kerbéros, le chien à têtes multiples de Géryon, élevait, en Arimos, un peuple de jeunes hommes pasteurs et cavaliers. Pour que cette nymphe régionale, par son union avec la force héracléenne, put donner le jour au peuple scythe dans les régions situées au nord du Pont Euxin, il fallut que la force héracléenne entraîna, des régions d'Arimos et d'Icculis, du centre de l'empire de Géryon, des essaims de jeunes cavaliers, des bœufs de Géryon qui peuplèrent les pays scythiques alors déserts.

Les gens qui habitaient les rives du Pont Euxin, mille ans après l'arrivée d'Héraclès dans ces pays, en disant qu'il y trouva le mythe d'Echidna, font certainement erreur. S'il est difficile qu'un culte puisse se développer dans un pays désert, il est, par contre, certain que, parmi les bœufs de Géryon, tous avaient le culte d'Echidna, et beaucoup devaient leur origine à cette nymphe régionale, d'où les amenait la force héracléenne.

Que des Grecs, entre le VIIIe et le Ve siècles avant notre ère, établis soit à Panticapée, soit en quelque point du cours du Dniester, aient désigné *Erythie* comme une île dans l'Océan, au delà des Colonnes d'Hercule, située près de Gadès, il n'en faut pas moins mesurer le poids qu'il convient de donner à cette assertion.

Le nom d'Erythie ne peut s'attacher à l'île de Gadès elle-même, dont les dimensions exiguës ne permettraient pas une attribution semblable, et rien dans ses environs, par le nom, par le site, par l'étendue, ne peut rappeler ce nom illustre, surtout alors que depuis le VIIIe siècle les noms de Gadès et de Tharsis se sont maintenus sur ces régions.

Pour trouver une île importante sur la côte Atlantique et en relations avec le mythe de Géryon, il faut remonter aux embouchures de la Gironde et de la Charente, près du séjour d'Echidna et de Cerbère à la triple tête, fidèle serviteur de Géryon, le dieu triple dont les Grecs, avec Aristophane, plaisantaient en le faisant vivre dans l'île de Tricarena (Trigaran, Caran ?)

Hésiode et Hérodote conduisent aux conclusions suivantes :

Pendant de très longs siècles, Theia fut la terre de l'Europe occidentale dont le ciel était personnifié dans le Titan Hyperis ou Hyperion. Elle vit probablement le développement de la période magdalénienne. A la période néolithique, une divinité titanique et céleste quitta les régions de la Suède, de la Grande-Bretagne, de l'Irlande et de la Bretagne armoricaine. Les fidèles de cette divinité, qu'Hésiode nomme Perseus, avec l'aide de navires à voile, reconnurent le site et la nature de la Gorgone Médousa, en face de terres où régnait le culte d'une divinité des montagnes et des eaux, des cavernes et des volcans, dont le symbole principal était une *épée* irrésistible comme les forces de la nature.

Ces migrateurs maritimes, en accomplissant ces découvertes, donnèrent naissance au mythe de la tête coupée, que les poètes répandirent sur tout l'ancien monde.

Ces migrateurs sont dits avoir continué leur exode en Espagne, en Afrique, en Italie et fondé les cités égéennes de Mycènes et Tirynthe.

Theia était alors la terre des Hesp-éri, Eritheia.

Au xve siècle avant notre ère, elle portait encore, en tout ou en partie, le nom d'Eritheia. Ce nom peut s'être localisé dans une île du littoral ; celle-ci pût devenir l'Eritheia, entourée d'eau de tous côtés, qui servit, aux Egéens, d'entrée principale dans le grand pays des Hesp-éri, dans la grande Eritheia.

Strabon décrit le premier pays d'Europe à l'Occident, qui est l'Ibérie des Grecs.

« Anciennement, à ce qu'il semble, dit-il, on désignait le Bœtis sous le nom de Tartessos, et Gadir, avec le groupe d'îles qui l'avoisinent, sous le nom d'*Erythea*, et l'on explique ainsi comment Stésichore, en parlant du pasteur Géryon, a pu dire qu'il était né presqu'en face de l'illustre Erythie, non loin des sources profondes du Tartesse.... »

En face de Gadir, près des sources du Tartesse, si ce fleuve correspond au Rio-Tinto, Stésichore peut parler du lieu où la légende fut récoltée, mais si le Tartesse est bien le Guadalquivir, Stésichore donne un renseignement exact à la moitié de l'Ibérie près.

« Eratosthène, il est vrai, prétend que.... que le nom d'Erythea désignait une des îles Fortunées. Mais Artémidore contredit formellement cette assertion ; à l'entendre, Eratosthène s'est gravement trompé sur ce point, comme en général il s'est trompé toutes les fois qu'il s'est laissé prendre à l'aplomb imprudent de ce Pythéas ».

Strabon n'écrit jamais le nom de Pythéas sans y accoler quelque épithète injurieuse. Et pourtant Pythéas possédait sur Strabon l'avantage d'avoir parcouru les régions en litige, d'en avoir rapporté des preuves très nettes de la réalité de ses voyages.

D'après Strabon, Homère fit emploi de certaines notions positives : « L'expédition d'Hercule en ces contrées lointaines, et celles des Phéniciens aux mêmes lieux, lui donnaient l'idée d'un peuple riche et amolli.... Instruit aussi des richesses de l'Ibérie et des biens de toute sorte qu'elle possède et que les Phéniciens avaient fait connaître, Homère *eut l'idée* d'y placer les demeures des *âmes pieuses* et ce *champ Elyséen* où, « suivant Protée, Ménélas devait habiter un jour près du roux Radamanthe. »

« La pureté de *l'air*, la douce influence du zéphyr sont bien, en effet, des caractères propres à cette partie de l'Ibérie, qui, tournée toute du côté de l'occident, possède un climat tempéré. Il se trouve enfin qu'elle est située juste aux confins de la terre habitée, c'est-à-dire aux lieux mêmes où la fable a placé les enfers.... D'autres poètes, venus après Homère, ont imaginé à leur tour, et l'enlèvement par Hercule des troupeaux de Géryon, l'expédition de ce même héros à la conquête des pommes d'or des jardins des Hespérides, et ces îles des *Bienheureux*, dans lesquelles nous reconnaissons aujourd'hui quelques-unes des îles situées non loin de l'extrémité de la Maurusie, qui fait face à Gadira. »

Dans ce passage, Strabon semble ignorer qu'Homère, par la voix des Aèdes, chanta durant plusieurs siècles que les Aèdes ne pouvaient qu'enregistrer ce que leurs contemporains disaient et croyaient des phénomènes de la nature et des sites géographiques.

Après avoir fait l'éloge de l'exactitude des Aèdes homériques pour les régions qu'il connaît, Strabon les accuse d'invention pour les régions qu'il ne connaît pas, surtout s'ils ont le malheur de parler comme ce Pythéas, qui connaissait l'Océan Atlantique nord presqu'aussi bien que Strabon connaissait l'Asie Mineure.

Pour les Egéens et les Grecs primitifs, les îles des Bienheureux étaient sur les côtes de la future Gaule, où se trouvaient pour eux les îles les plus rapprochées de l'empire de la nuit et du royaume de Géryon, et dont l'une s'appelait *Erytheia* ; elle portait encore ce nom au temps de Strabon, comme Eratosthène le disait, d'après Pythéas qui en revenait.

Strabon croit qu'Homère connaissant la Tartesside, en avait fabriqué le mot *Tartar*, pour l'appliquer ensuite à la partie la plus reculée des régions souterraines. Nul n'a pu dire, jusqu'à présent, où et comment les Aèdes ont appris le nom du *Tartar* et le nom du *Tauréen*, rival de Zeus. Nul cependant, pas plus que Strabon, n'est autorisé à dire que les peuples grecs primitifs n'ont pas cru à l'existence du Tartar et du Tauréen, sur l'assertion d'hommes ayant vu des pays répondant aux descriptions du Tartar, et où l'on rencontrait d'autres humains ayant le culte du Tauréen.

Après avoir admis comme positive l'expédition d'Hercule jusqu'aux Colonnes en Ibérie, Strabon admet, sans preuves, qu'Hercule n'a pas été au delà. Il accuse les poètes, successeurs d'Homère, d'avoir imaginé l'enlèvement par Hercule des troupeaux de Géryon.

Strabon d'ailleurs ne nie pas la réalité du pasteur Géryon. Or, Hésiode lui-même affirme cet enlèvement. Hésiode a sous les yeux les documents écrits mycéniens et prémycéniens, peut-être même des écrits provenant de Cnossos et de Phaestos, et d'autres villes de la Crète. Hésiode n'écoute pas seulement les récits des Aèdes homériques, mais aussi les récits des prêtres de Delphes, dont il consulta peut-être les archives. Un enregistrement formel d'Hésiode ne peut pas être détruit par une simple conjecture.

Avec Hésiode et Eratosthène on peut appuyer fortement l'idée que, pendant les quinze derniers siècles avant notre ère, *Eritheia* correspondait sensiblement aux rives atlantiques de la région des dolmens, aux rives de l'Hesp-éri, avec une localisation du même nom sur une île de l'Océan, près de l'embouchure de la Garumna. Cette île faisait partie d'une contrée ayant servi à décrire les Champs Elyséens où les âmes des morts, des bienheureux séjournaient, et se trouvait dans le voisinage d'une région de montagnes, de volcans, de cavernes ayant pu servir à faire la description du Tartaros, telle qu'Hésiode nous l'a transmise depuis près de trois mille ans.

Les anciens récits varient à l'égard du nombre et des noms des Hespérides. Apollodore en compte quatre, qu'il appelle Aeglé, Erythia, Hestia et Aréthusa. Suivant Diodore de Sicile, elles étaient sept qu'il suppose filles d'Atlas et d'Hespérie. Apollonios de Rhodes en compte seulement trois : Aéglé, Erythie et Hespéris. Pausanias décrit deux ouvrages artistiques dont l'un présentait cinq, l'autre deux de ces nymphes régionales.

La description des enfers faite par Hésiode, entre l'Atlas et la nuit polaire, décrit d'abord l'Océan en face des rives de l'Hesp-éri. Le Tartar trouve son modèle dans le plateau central des Gaules.

D'après Hésiode, lorsque Zeus eut chassé les Titans de l'Ouranos, Gaia enfanta son dernier-né *Typhôeus*, ayant été unie au Tartaros. Hésiode fait alors une description de la tempête typhonienne, telle qu'on la voit encore tous les hivers se produire sur l'Océan Atlantique et s'abattre sur les côtes occidentales de l'Europe. Les navigateurs anciens qui fréquentaient les côtes de l'empire de Géryon purent observer une relatation entre les montagnes volcaniques de *Briaréos*, sûr gardien de Zeus tempétueux, et les tempêtes cyclôniques si fréquentes et si terribles. En effet, ces tempêtes, lorsqu'elles ont touché la côte de la Gaule, continuent leur route vers l'intérieur du continent et déversent des torrents d'eau sur le plateau central. Après la victoire définitive, dans l'esprit des Egéens, du culte de Zeus sur le culte des Titans Hesp-éri et Typhôeus, ce dernier resta dans le Tartar où il aboutissait toujours et où il aboutit encore.

« Et de Typhôeus sort la force des vents au souffle humide…. Ils forment des tourbillons violents…. Et il n'y a point de remède à la ruine de ceux qui les rencontrent sur la mer. Et sur la face de la terre, les beaux travaux des hommes nés d'elle, ils les détruisent…. »

Lors de la rencontre de Typhôeus et de Zeus, Hésiode ajoute : « Et peut-être qu'en ce jour une œuvre fatale eut été accomplie et que Typhôeus eut commandé aux mortels et aux immortels, si Zeus ne l'eût aussitôt compris. Et il tonna avec puissance…. frappa Typhôeus…. le dompta sous les coups et le plongea dans le large Tartaros. » .

La lutte entre les cultes religieux des Titans et le culte du dieu de la lumière est ici nettement caractérisée.

III

Période gallo-romaine

Les monuments gallo-romains font revivre le panthéon précelte et celte. Le dieu à l'attitude bouddhique, dont les jambes font corps avec son piédestal, barbu, cornu, ayant pour marques distinctives le torque et la bourse (d'abondance), tricéphale, ceinturé de serpents à tête de bélier, à la roue, aux spires, portant le marteau ou le maillet, est une conception très voisine du Dispiter romain, le père des Préceltes et des Gaulois, du Pluton-Aidés des Grecs ; il descend directement de l'Aigéon-Briaréos des Egéens.

La conquête de César fut une cause d'abaissement pour le culte du Tricéphale. Ce culte vit massacrer ses fidèles et ses prêtres, dévaliser ses temples, immoler Vercingétorix, le représentant direct du dieu. Ce dieu suprême fut réduit à l'aspect de Volcanus au maillet ou au marteau, de Sylvain au pedum, de Tarvos simple divinité régionale. Ce dieu distributeur des eaux du ciel dut abandonner l'*épée*, son attribut séculaire depuis le temps de Médousa, et prendre la *patère*.

La primauté du Tricéphale passa définitivement à son rival Jupiter Albain, dont le culte tenta même de s'approprier la rouelle, le casque, l'épée et le baudrier, et finit par dresser triomphalement l'image du Jupiter romain sur le dos du taureau celte, dont le nom *Tarvos* est à la fois l'origine et l'équivalent du mot *Tartar* des Grecs et des Latins.

Les Romains cherchaient l'Erebos au delà des Gaules.

Les Gaulois ne connaissaient que leur pays divisé en deux fragments, ayant chacun comme emblème un taureau spécial.

Les Romains croyaient à l'existence d'un pays de la nuit, où dans des profondeurs souterraines et sous-marines régnaient le dieu Dispiter et la déesse Proserpine.

Les Gaulois se disaient fils de Dispiter et Proserpine était leur grande déesse (1).

César avait tenu le peuple romain dans l'ignorance des outrages faits aux grandes divinités de la Gaule. Les Cisalpins ne pouvaient imaginer que ces divinités, dont les noms n'étaient jamais écrits et peut-être jamais prononcés, étaient identiques aux divinités qu'eux-mêmes invoquaient sous le nom de divinités infernales.

Lorsque le peuple romain fut menacé dans les sources de la vie et de la richesse, l'empereur Auguste crut devoir rétablir les jeux séculaires pour expier cet outrage et arrêter l'effet de ce qu'il croyait être la vengeance des divinités infernales outragées. Dans cette grande cérémonie d'expiation, qui eût lieu devant l'autel de Dispiter soigneusement renfermé derrière un triple rang de murs, fut solennellement honoré cet ensemble de divinités infernales que dominent *Dispiter* et *Proserpine*, dieu et déesse des Enfers, et où paraissent les *Mœres*, les destinées, les *Illithyes*, les déesses de la vie et de la mort, et *Terra-mater*, la terre.

Les comparaisons entre Dispiter-Hadès et Sérapis ne font pas ressortir de différences sensibles. Cerbère y prend une importance capitale.

Les « prairies de Pluton » sont les plaines qui bordent l'Océan hespérique depuis Gibraltar jusqu'au nord de l'Ecosse. Elles

---

(1) *Galli omnes se a Dite patri prognatos prædicant.* Commentaires de César.

paraissent plus spécialisées chez les Gaulois. Ce sont ces dernières prairies que César désignait sous le nom de *ad alios* et sur lesquelles les Gaulois entendaient les âmes des morts passer en criant dans les rugissements des tempêtes.

Les Préceltes et les Celtes entendaient circuler les âmes sur ces rives, qui portaient encore les noms d'*ari, are, elli, alios, arivos, erebos*, etc., pour désigner à la période gallo-romaine ce qui restait de l'Eritheia primitive. La divinité féminine dominante était la redoutable déesse de Médiolanum, qui prenait le nom d'Aere-Cura auprès du Dispiter romain, dont tous les Gaulois se disaient nés.

Sur le coffre de Cypsélus, Géryon Tauriscus apparaît sous la forme de trois guerriers, armés de pied en cap, placés les uns à côté des autres sans lien apparent qui rattache les trois corps. Cette forme se retrouve sur l'autel des Nautæ Parisiaci pour les groupes de dédicants L'ensemble des documents de ce genre amène à penser que Talos, Taurus, Tauriscus, Tarvos sont des noms divers à travers les âges d'une même entité mythologique. Cette divinité dominant deux régions voisines de la mer dont les noms commençaient par Tar (1), dut devenir pour les marins étrangers le roi du *Tartar*, d'où la formation, peut-être très antique, d'un nom équivalent à celui de Adès.

L'idée des pays infernaux souterrains a pris de l'extension dans les pays helléniques à mesure que l'on perdait le souvenir exact des œuvres des navigateurs prémycéniens, puis tirynthiens.

Ces œuvres peuvent se résumer ainsi qu'il suit.

Vers la fin des temps néolithiques, les navigateurs qui fréquentaient les *parages maritimes* de l'Eritheia (probablement alors l'éponyme des peuples était la reine Cassiopée ?) couraient des dangers terribles et en éprouvaient des terreurs profondes.

D'autres navigateurs, venus des régions d'Irlande, de la Grande Bretagne et de l'Armorique, au moyen des navires à voile, recherchèrent les causes de ces terreurs ; ils déterminèrent la *nature et le site* des gorgones et en déduisirent les méthodes à suivre pour naviguer en sécurité dans ces régions difficiles. La connaissance de cette œuvre se répandit dans tout le monde ancien, avec le mythe de la tête coupée.

(1) Tarvos Trigaranus pour le Nord, Tarbelli pour le Midi.

Dans la *même région*, alors que le culte de Géryon y avait succédé au culte de Khrysaor, des navigateurs égéens, venus de l'est de la Méditerranée, trouvèrent au même site l'emplacement et l'origine de Kerbéros, le chien à têtes multiples, né de la tempête typhonienne.

Plus tard encore, les navigateurs, suivant l'impulsion de la force ulysséenne, savaient qu'au *même endroit* Perséphone gardait la tête de Méduse pour la jeter, du fond des enfers, sur le navigateur qui n'aurait pas mérité les bonnes grâces de la terrible déesse.

Les Gorgones et Kerbéros s'identifient dans cette région et ne s'identifient nulle part ailleurs.

En dehors de ces faits géographiques, il en est d'autres, climatériques ceux-là, qui ont bien leur valeur démonstrative. Ce sont ceux que les anciens ont réuni et désigné sous le nom d'*Erebos*, le principe mâle de l'obscurité, la distribution des eaux célestes répandant la vie et la richesse sur la terre des hesp-éri.

Les Egéens ont appris à Hésiode que les sources de l'Océan sont près de la demeure des Gorgones; les monuments gallo-romains avec leurs serpents à tête de bélier semblent bien réfléter une opinion semblable.

Grâce à l'effondrement de l'Océan Atlantique et à l'existence de ce que nous appelons le Gulf Stream, les eaux de cet océan émettent des vapeurs qui viennent se condenser en pluie ou en neige sur les régions de l'Hesp-éri. Elles fertilisent ainsi les terres où poussent les herbes, les arbres, tous les végétaux nécessaires au soutien de la vie animale. Elles remplissent les cavités des montagnes et les différentes couches de terrains, formant les réservoirs qui alimentent les fleuves, les rivières, les sources et les fontaines naturelles non moins nécessaires aux animaux.

Les populations humaines primitives, forcément échelonnées sur les rives des cours d'eau, vécurent de chasse, de pêche et de la cueillette des fruits spontanés de la terre.

Pour pourvoir à la satisfaction de leurs besoins, les humains n'avaient que le travail de leurs mains, leurs expériences journalières, leur mémoire et leur intelligence. Lorsque l'homme ne trouvait pas des aliments suffisants, la faim et la mort le menaçaient.

Il s'aperçut qu'en employant plus d'activité, plus d'ingéniosité dans ses efforts, il arrivait à mieux assurer ses moyens d'alimenta-

tion, à mieux se défendre contre les intempéries, à mieux assurer
sa sécurité.

Les choses extérieures se classaient pour lui en trois ordres de
faits qu'il retrouvait autour de lui, partout et toujours.

Les objets matériels, utiles pour la satisfaction de ses besoins,
devaient être recherchés sans relâche, et il fallait reconnaître ceux
qui étaient inutiles ou nuisibles. Ces recherches donnèrent naissance à des idées scientifiques.

Les humains, avec lesquels il fallait entretenir des relations de
sympathie ou d'antipathie, et pour cela rechercher ce qui était
juste et bien, éviter ce qui était injuste et mal, amenèrent à for-
muler des idées morales.

Enfin, des choses, des événements dont l'existence était mani-
feste, mais dont l'explication était impossible, se classèrent dans
l'esprit des primitifs et y éveillèrent des idées de religiosité.

L'ensemble de ces idées forma la religion de chaque individu
adulte.

Les populations humaines attribuèrent à des dieux l'ensemble
des bienfaits et des maux répandus dans la nature.

La terre, la vie, l'alimentation, le feu, la lumière rentrèrent
dans les éléments des cultes basés sur l'utilité et le désir, alors que
simultanément prenaient naissance d'autres cultes basés sur la
crainte et la terreur, ayant pour objet la guerre, les souffrances,
les maladies et la mort. Le froid, les tempêtes, les tremblements
de terre, les éruptions volcaniques devinrent les manifestations de
divinités redoutables et funestes.

Les populations humaines se tournèrent vers toutes ces divinités. Par des prières, des sacrifices, des monuments de piété, les
hommes s'efforçaient d'apaiser le courroux des dieux redoutables,
qui pouvaient déchaîner la faim, le froid, la guerre, les catastrophes et la mort, au lieu de développer les ressources matérielles
utiles aux besoins des hommes, avec la paix, la sécurité et la vie.

Et les divinités de la nuit, des ombres, des tempêtes, des volcans, de la vie et de la mort étendaient leur empire dans l'esprit
des hommes paléolithiques et néolithiques.

Dans les choses matérielles de la vie, les humains passaient leur
temps à rechercher ce qui était utile, à éviter ce qui était nuisible.
Dans les relations humaines, les familles et les clans cherchaient
ce qui était juste ou injuste. Dans ce qui était incompréhensible,

dans l'ordre divin, les populations cherchaient à obtenir les bonnes grâces des divinités et à éviter leur courroux.

En toutes choses et en tout temps, l'homme cherchait à discerner le bien et le mal, et, avec le temps, augmentait sans relâche ses connaissances scientifiques, morales et divines. La vie, se passait à rechercher la connaissance du bien ou du mal.

Les observations réitérées des hommes, sur la nature, dans ces régions de l'Hesp-éri, constatèrent que les vapeurs de l'Océan venaient se condenser sur les terres en pluies fertilisantes, retournaient à l'Océan par les fleuves et les rivières, pour recommencer encore et indéfiniment ce même cycle ; que tout ce qui avait vie dans la nature, les hommes, les animaux, les plantes, mourrait après un laps de temps plus ou moins long ; que leur poussière rentrait au sein de la terre maternelle, d'où s'élevaient de nouvelles générations de plantes, d'animaux, d'êtres humains destinés à subir la loi commune.

Les hommes en vinrent à penser que tout ce qui venait à la vie retournait à la mort, que de celle-ci la vie naissait de nouveau, et ainsi de suite indéfiniment, sous l'action incessante du dieu distributeur des eaux du ciel, le dieu père, et de la terre maternelle.

Des hommes en vinrent à penser aussi que la mort ne terminait pas seulement la vie terrestre, mais qu'elle indiquait surtout le passage à une vie nouvelle.

Ces populations ont rendu aux redoutables divinités, qui distribuaient la vie et la mort, un culte qui embrassait les lieux élevés, les profondeurs de la terre et des eaux. Elle les ont honorées dans le ciel, sur terre et sur mer, sur les montagnes, dans les fleuves et les rivières, dans les entrailles de la terre, dans les cavernes, dans les volcans.

Si l'on réfléchit à la lenteur de la formation des idées scientifiques ou divines chez les peuples primitifs, on peut admettre que ces idées étaient en embryons, depuis des périodes plus que millénaires, dans l'esprit des populations qui se sont succédées sur les rives de l'Hesp-éri et autour du plateau central des Gaules.

Ces idées sont exprimées dans la Théogonie d'Hésiode, dans les hymnes orphïques pour les peuples de l'Hesp-éri ; les monuments de la Gaule romaine font constater l'existence de doctrines de ce genre parmi les peuples des mêmes régions ; les mêmes idées se retrouvent dans les mêmes contrées, où elles forment la base de la démonologie chrétienne médiévale, et dans un grand nombre de survivances locales au temps actuel.

Lorsque l'oubli des découvertes des peuples égéens laissa croire que les pays d'Aigaion-Briaréos, Pluton-Aidés, Dispiter étaient sous la terre, dans l'abîme, les peuples de l'antiquité classique acceptèrent comme exacte cette idée erronée.

A l'époque de la conquête romaine, des compagnons de César auraient pu rechercher où se trouvait l'*Erebos*, sans se douter qu'ils le parcouraient tous les jours sur les territoires de *Tarvos*.

Le culte du dieu anonyme des Gaulois, identique au Dispiter gallo-romain, semblable de très près au Sérapis alexandrin, réflète les traces du culte de ses prédécesseurs Krysaor et Géryon, dont il possède les attributs, y compris l'*épée*, force de la nature, qui subsiste encore sur les territoires gallo-romains.

Cette *épée*, honorée dans un temple gaulois, fut un jour placée au second rang, par l'apparition d'une *épée* plus glorieuse qu'elle, l'*épée de César*, vainqueur des fils de Dispiter, qui fut appendue par les Gaulois au rocher devant lequel ils honoraient l'épée d'Ama-turis, d'Amantou-rix, de Radamanthe, autre nom du Dispiter gaulois.

Plus tard, lorsque Pépin-le-Bref arracha l'épée du dieu payen des mains de Waïfre le mérovingien, duc d'Aquitaine, les poètes du cycle carlovingien en firent l'épée merveilleuse de Roland, neveu mythique de Charlemagne. Cette épée taillait les falaises et les montagnes. Elle portait alors le nom de Durandal, tiré de Dour-antal, nom gaulois des eaux s'écoulant des Monts-Dore (Dour) et du Cantal, par la rivière Douran (la Dordogne) jusqu'aux îles Antros et Antilia, situées à l'embouchure de la Gironde.

Si le mythique héros chrétien était dit reposer à Blaye, son épée merveilleuse était dite reposer sur le rocher qui domine la tombe du moine funèbre Amadour, où l'image de cette épée repose encore.

C'est donc au pied du rocher de Rocamadour que se pressaient les peuples pour honorer l'épée d'Aigaion-Briaréos, l'épée du dieu suprême du paganisme gallo-romain. Au moyen âge, les peuples chrétiens vinrent y honorer l'épée de Roland, puis d'innombrables pèlerins purent y honorer aussi l'épée du saint Michel chrétien.

. Le culte de l'épée du dieu payen devait avoir un autre temple au pied des Pyrénées, au lieu dit Ronces-valles, car, au moyen âge, les chrétiens y établirent un monastère et une église dont l'édification paraît bien avoir eu pour but de substituer l'épée du héros chrétien Roland à l'objet du culte des pèlerins payens.

Dans les monuments gallo-romains, Héraclès a pris au triple Géryon et à son successeur leur taille de géant, et une tête de taureau qui lui sert de piédestal. Il leur prit aussi le chien tricéphale, gardien du Tartar, et la *patère*, attribut du dieu distributeur des eaux célestes sur la terre. Quelquefois, au lieu de présenter la patère, il montre ingénument que le mythe de Gargantua n'est pas entré seulement avec le Pantagruel de Rabelais dans l'amas des légendes de l'ancienne Gaule.

Au IIe siècle de notre ère, Lucien fait la description d'Héraclès-Ogmios.

« C'est Héraclès que les Gaulois appellent Ogmios.... Ils en font un vieillard.... On le prendrait pour Charron plutôt que pour Héraclès ; il en a cependant les attributs, la peau de lion sur l'épaule, le carquois au dos, la massue et l'arc dans les mains.... Je crus d'abord que les Gaulois.... avaient eu le dessein de tourner en ridicule les dieux de la Grèce et de se venger d'Héraclès en particulier parce qu'il avait *jadis dévasté leur pays*. Ce qu'il y a de plus curieux, c'est que le vieil Héraclès traînait après lui une foule immense de gens accrochés par l'oreille ; ces chaînes, subtiles comme des fils, étaient d'or et d'ambre. Bien que retenus par des liens si fragiles, tout ce monde enchaîné ne cherchait pas à fuir.... Ces fils étaient fixés à la langue du dieu... C'est ainsi qu'Héraclès menait tout ce monde derrière lui, tout ce peuple, en tournant la tête vers lui et en le regardant d'un air enjoué. J'étais devant ce tableau, ébahi, désorienté, lorsque mon voisin, qui était Gaulois, homme instruit d'ailleurs, et sans doute au nombre de ces philosophes d'au delà des Alpes, me dit :.... Pour vous, c'est Mercure qui est le dieu de l'éloquence ; chez nous, c'est Hercule que nous avons choisi parce qu'il est le plus fort. Nous le représentons vieux, parce que c'est dans la vieillesse qu'il atteint la majorité et la plénitude.... Donc, notre vieil Hercule traîne tout ce peuple enchaîné par les oreilles à sa langue. Nous pensons enfin que c'est Hercule qui a conquis le monde par la sagesse et la persuasion. Ses flèches sont les mots aigus, ingénieux, rapides, qui pénètrent dans les esprits.... Votre Homère dit bien que les mots sont empennés. »

IV

Les dates

Vers la fin du vi^e siècle avant notre ère, les Celtes, sous leur nom national, ont fait leur entrée dans l'histoire. Rejetés vers l'Ouest par la pression des Scythes.... ils étaient établis dans les vallées du Rhin, de l'Escaut et de la Somme.

Au ve siècle, les Celtes franchissent les Pyrénées, occupent la péninsule ibérique et courent jusqu'au Sud-Ouest, plus bas que la Lusitanie.

Hérodote constate la présence des Keltes en Ibérie.

« Les Keltes sont, à partir des Colonnes d'Hercule, voisins des *Kunesioi*, les derniers Européens de la côte de l'Occident. — Et encore, « les Keltes, les derniers qui après les *Kynètes* habitent l'Occident. »

Si, depuis l'arrivée des Celtes, on remonte la série de temps, vers 700 avant notre ère, à l'est du Rhône dominaient les Ligures, au sud des Cévennes les Ibères, et la densité persistante des populations brunes dans la France centrale autorise à penser que cette région était occupée dès la première époque du bronze par la race nullement gauloise qui la remplit encore et qui survit à toutes les invasions historiques.

Hésiode décrivant les actes mis sous le nom d'Héraclès montre que ces actes sont antérieurs au ixe siècle avant notre ère. Héraclès ne figurant pas au siège de Troie, ses actes sont antérieurs à 1180 avant notre ère.

Hésiode décrivant le bouclier d'Héraclès y fait figurer les actes de Perseus ; Héraclès doit donc être postérieur à Perseus, qui, d'ailleurs, est dit avoir fondé Mycènes et Tirynthe.

La destruction définitive des palais de Cnossos et de Phaestos, en Crète, et l'expansion mycéenne se placent vers 1450 avant notre ère. Cette époque vit probablement s'élever les autels de Thésée. qui marcha sur les traces d'Héraclès.

Hérodote rapporte que depuis le premier roi des Scythes jusqu'à l'invasion de Darius il s'est écoulé pas moins de mille ans.

Darius est monté sur le trône en 521 avant notre ère. Il paraît avoir fait son expédition contre les Scythes, au nord de l'embouchure du Danube, au plus tard vers 508. On peut donc reporter vers 1500 ou 1600 avant notre ère la formation des peuples scythes au nord du Pont Euxin, par les hommes d'Héraclès joints aux bœufs de Géryon, aux peuples d'Ekhidna, la nymphe régionale.

Avant 1600, Héraclès reconnut les eaux du Kerberos et terrassa le triple Géryon.

Mais il est dit avoir conquis la corne d'abondance d'Achélous et la lui avoir rendue, après en avoir reçu la corne d'abondance d'Amalthée en Crète. Il est également indiqué comme ayant terrassé un taureau crétois qui se nourrissait de chair humaine. Comme Héraclès ne fut pas l'auteur de la dernière catastrophe de 1450, on est conduit à envisager si, avec Achélous, il n'était pas l'un des auteurs de la première catastrophe des palais de Cnossos et de Phaestos, vers 1800 avant notre ère ?

De 1800 à 1600, la Crète atteint le plus haut degré de civilisation et de puissance. Minos a enfermé depuis longtemps dans le Labyrinthe le Minotaure, né d'une reine Pasiphaé et d'un taureau; il impose aux peuples préhelléniques de Mycènes et de Tirynthe de fournir un tribut annuel de sept jeunes hommes et de sept jeunes filles pour être la proie du Minotaure.

Vers 1800, Héraclès peut donc avoir aidé Achélous à tuer un taureau crétois, à saisir la corne d'Amalthée. A cette occasion, Héraclès aurait reçu la corne d'abondance d'Amalthée et rendu en échange la corne d'abondance d'Achélous ? Cela est possible.

Mais les premiers palais de Cnossos et de Phaestos sont contemporains de la xiie dynastie égyptienne, entre 2000 et 1800. Le Minos de ces temps peut déjà et doit déjà établir le culte du Minotaure dans le premier labyrinthe. C'est encore la période prémycénienne.

A cette époque, des navigateurs innommés séjournaient en Irlande, en Angleterre et dans l'Armorique et y laissaient leurs traces, notamment à New-Grange et à Gavr'inis (1). Se mettant en

(1) J. Déchelette, 1908. *Archéologie préhistorique*, p. 626.

« Dès l'époque néolithique, la grande voie maritime de l'Atlantique, cette route du littoral atlantique a joué dans le développement de la civilisation européenne un rôle capital. Bien avant les galères phéniciennes, des nefs pilotées par des navigateurs innommés, mais venant de l'est de la Méditerranée, avaient dû franchir la passe de Gadès pour s'aventurer sur les eaux de l'Océan. »

mouvement, sous l'impulsion d'une autorité terrestre et divine, qui est restée connue sous le nom de Persée, ils explorent les mers à l'occident de l'Eritheia, reconnaissent le site et la nature de la Gorgone Médousa, poursuivent leur exode dans la Méditerranée, où ils sont dits avoir fondé Mycènes et Tirynthe, puis vont en Syrie et en Egypte porter la gloire du nom de Persée.

Les voyages et les gestes de Persée pourraient donc remonter à 2000 avant notre ère ?

C'est donc entre 2000 et 1500 avant notre ère que peut se placer le développement de la force héracléenne.

Cette déduction apporte un motif de plus pour compter la force héracléenne au nombre des auteurs probables de la destruction, en Crète, des premiers palais de Cnossos et de Phaestos, vers 1800 avant notre ère.

Rochefort — Sur mer, de l'Imp. Ch. Thèze

www.ingramcontent.com/pod-product-compliance
Lightning Source LLC
Chambersburg PA
CBHW061711060726
47597CB00006B/2302